自然災害から人々を守る活動

監修
東京大学大学院情報学環
特任教授
片田敏孝

4

火山災害

廣済堂あかつき

自然災害から人々を守る活動 4 火山災害

目次

➡8ページ

➡12ページ

➡16ページ

➡20ページ

➡24ページ

この本の使い方

1 火山災害について学ぶ

➡4〜7ページ

●過去にどこで、どんな火山災害が起こっているかわかる。
●火山の噴火が起こるしくみがわかる。
●噴火がどんな災害を引き起こすかわかる。

2 災害から人々を守る活動を知る

➡8〜27ページ

●災害が発生したとき、市区町村を中心に、どのようにさまざまな機関が協力するのかわかる。
●市区町村、自治会・町内会、企業、ボランティアが行っている災害から人々を守る活動がわかる。
●小学生が防災活動に取り組むようすがわかる。

3 防災活動をやってみる

➡28〜33ページ、ワークシート

●「ふだんからできる火山災害への備え」と「噴火が起こったときにできること・行うこと」がわかる。
●自助、共助、公助のちがいがわかる。
●「防災活動ワークシート」の使い方がわかる。
●災害の歴史を学ぶことができる。

➡ワークシート

➡4〜5ページ

➡6〜7ページ

➡8〜9ページ

➡24〜25ページ

➡32〜33ページ

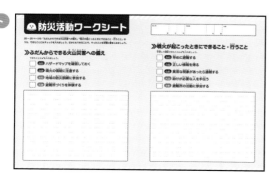

火山災害の歴史

火山が噴火すると、大きな災害につながることが多く、火山がたくさんある日本では、これまでなんども深刻な火山災害が起こっています。火山はいつ噴火するかわからず、1万年前から現在までに噴火した記録があれば、いつ噴火してもおかしくないと考えられています。

© 時事

雲仙普賢岳噴火 | 1990～1995年

長崎県
●死者・行方不明者43人 ●負傷者12人
●こわれた住宅1399棟

歴史に残るかぎり3回噴火していて、1792年の噴火では約1万5000人の犠牲者を出しています。1990～1996年にも活発な活動があり、1991年6月3日の噴火では火砕流により多くの人が亡くなったほか、家、道路、農地などにも大きな被害をもたらしました。

有珠山の噴火 | 2000年3月31日

北海道
●死者0人
●こわれた住宅850棟

3月31日に西のふもとから噴火が始まり、大規模な噴火が続きました。噴火活動はだんだん小さくなりながら2001年9月まで続きました。亡くなった人はいませんでしたが、住宅被害や道路や上下水道が寸断され、周辺の住民は多いときで約1万6000人が避難生活をしました。

御嶽山の噴火 | 2014年9月27日

長野県、岐阜県
●死者58人 ●行方不明者5人 ●負傷者69人

山頂で噴火が発生し、噴煙が約7000メートルの高さまで上がったと考えられています。高熱の軽石や火山灰、火山ガスのまざった火砕流が流れ出し、登山客をおそいました。火山灰の噴出が10月10日ごろまで続きました。

日本で起こった噴火

1700年代以降の火山災害を見ると、多くの人が亡くなった火山災害が全国で起こっていることがわかります。また、桜島や、浅間山、有珠山、三宅島などでは、何度も噴火し、被害が出ています。

※1701年（18世紀）以降、噴火によって10人以上の死者・行方不明者が出た火山災害および気象庁が名称を定めた火山災害を記載。

有珠山
1822年
死者約100人
1977〜1978年
死者2人、行方不明者1人
2000年3月31日
死者なし

十勝岳 1926年5月24日
死者144人（行方不明者もふくむ）

北海道駒ヶ岳
1856年9月25日
死者19〜27人

渡島大島 1741年8月29日
死者1467人

恵山 1764年7月
死者多数

雲仙岳
1792年5月21日
死者約1万5000人
1990〜1995年
死者43人（行方不明者もふくむ）

浅間山
1721年6月22日
死者15人
1783年8月5日
死者1151人

安達太良山 1900年7月17日
死者72人

磐梯山 1888年7月15日
死者461人（477人とも）

御嶽山 2014年9月27日
死者63人（行方不明者もふくむ）

伊豆大島 1986年11月15日
死者なし

三宅島
1940年7月12日
死者11人
1983年10月3日
死者なし

阿蘇山 1958年6月24日
死者12人

青ヶ島 1785年4月18日
死者130〜140人

桜島
1779年11月8日
死者150人あまり
1781年4月11日
死者8人、行方不明者7人
1914年1月12日
死者58〜59人

ベヨネース列岩 1952年9月24日
死者31人

口永良部島 1841年5月23日
死者多数

伊豆鳥島 1902年8月上旬
死者125人

噴火が引き起こす災害

火山の噴火には地球の表面をおおう「プレート」という厚い岩の板の働きが大きく関わっています。
日本は、太平洋プレート、フィリピン海プレート、北米プレート、ユーラシアプレートに取り囲まれているため、火山が多く、たびたび噴火するのです。

噴火が起こるしくみ

日本列島周辺では、1年間に数cmのゆっくりしたスピードで海のプレートが陸のプレートにひきずりこまれています。その際、プレートの下にあるマントルという層がとけて、マグマを発生させます。それが火山の噴火につながるのです。

マグマの発生と噴火

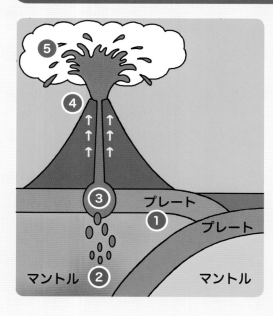

1 日本は太平洋プレート、フィリピン海プレート、北米プレート、ユーラシアプレートに取り囲まれている。日本付近では海の水をふくんだ海のプレートが陸のプレートの下にもぐりこむ。そのときマントルの一部が水の作用でとけ、マグマができる。

2 高温のマグマは、まわりの岩より軽いので、地下から上がってくる。

3 地中でマグマがたまる「マグマだまり」ができていく。

4 その後、マグマの中にとけていた水などがガスになってマグマから出ていき、マグマがいきおいよく上昇していく。

5 炭酸ジュースのキャップを開けたとき、あわがふき出すように、マグマがふき上がる。これが噴火。

噴火の種類

噴火には、3つの種類がある。マグマがそのままふき上がるのが「マグマ噴火」。「水蒸気爆発」は、マグマによって温められた水が爆発してふき出す。「マグマ水蒸気爆発」は、水とマグマがふれて、爆発してふき出す。

マグマ噴火

水蒸気爆発

マグマ水蒸気爆発

噴火がもたらす被害

火山の噴火は、大きな被害をもたらします。噴火の際に出る溶岩や噴石だけでなく、それらがもたらす二次災害にも注意が必要です。

噴火（一次災害）

噴石

噴石は噴火によってふき飛ばされる岩石。大きなものは 20 ～ 30 ｃｍから数ｍのものもあり、建物をこわすことがある。噴石は飛ぶ速度が速くとても危険。

火山灰

火山灰は、とても小さな鉱物で、広い範囲に飛び、農作物をだめにすることもある。紙や木を燃やした灰とは異なり、吸いこむとのどや目、肺をいためる。

溶岩流

ふき出したマグマは「溶岩」とよばれる。高温の溶岩は、流れ出すと「溶岩流」となり、じょじょに冷えて、固まっていく。

火砕流

火砕流は高温の軽石や火山灰、火山ガスがまざりあったものが、高速で地表を流れる現象。建物、田畑、森林を焼き、うめてしまう。

火山ガス

マグマにとけていた硫化水素、二酸化炭素などがガスになってふき出す。吸いこむと体に害がある。

山体崩壊

噴火などが原因となって山がくずれてしまうこと。同時に、土石流が発生し、被害をあたえることもある。

一次災害をきっかけに起こる二次災害

土石流

火山からふき出したものに、雪や地下水、雪がとけた水などがまざり、どろになって流れ出す現象。人も建物もすべてを飲みこんでしまう。

空振

噴火のときに発生する強い空気の振動。窓ガラスがふるえ、割れてしまうこともある。

壮瞥町役場

北海道有珠郡壮瞥町には、20〜30年に一度、噴火している有珠山があります。ひとたび噴火すれば大きな被害が予測されるこの町で、役場ではどのような災害への備えをしているのでしょうか。

場所

北海道
壮瞥町
壮瞥町役場

2000年3月31日、有珠山が噴火。洞爺湖のまわりの温泉街は噴煙におおわれた。

火山と共生するまち

　壮瞥町は「火山と共生するまち」を目指しています。町の人たちにとって有珠山は、噴火する危険な山であるとともに、温泉や美しい風景をつくった、めぐみをもたらす山でもあります。そのため、火山災害への対策をしながらここに住み続けようと考えているのです。

　町役場は1977年の噴火をきっかけに、避難所の看板の整備や防災マップの発行などで住民に防災の考えを広めてきました。そして2000年の噴火が起きました。

キーワード

有珠山

　2万〜1.5万年前に噴火によってできた火山。噴火が続いた時期と数千年間噴火がなかった時期があるが、1663年以降は噴火をくり返している。1944〜45年の噴火では標高407mの昭和新山ができた。1977年と2000年にも大きな噴火が起こっている。有珠山の近くに人々のくらす地域があり、自宅が噴火口となった人もいる

🚨 町役場と関係機関のつながり

町役場は国や北海道（以下「道」）、周辺の市町などと連絡をとりあって、町民の救助や避難の誘導、避難所生活の支援を進めます。ボランティアは、道と町の社会福祉協議会が協力して受け入れ体制をつくります。

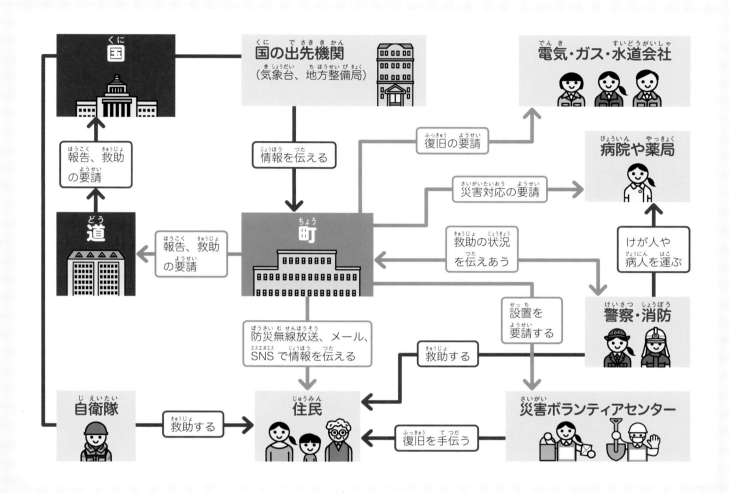

🚨 噴火前に住民を避難させる

2000年3月28日の深夜0時50分に「噴火の兆候がある」と室蘭地方気象台が発表しました。28日の朝には町役場の職員が防災無線で避難を呼びかけ、住民は避難を始めました。同時に進めていた避難所の準備は昼までには完了しました。その後、噴火が起こりましたが住民は避難していて無事でした。道やほかの市町から町役場に職員が派遣され、役場の仕事を助けました。

救援にかけつけた自衛隊員と町役場の職員が話しているところ。

噴火後の町役場の役割

火山災害の避難生活の特徴は、その期間が長いことです。2000年の噴火のときも5月12日に避難指示が全面解除されるまでの約1か月半、多くの人が家に帰れませんでした。

避難所の運営は、地域の自治会の人たちが中心になって行います。役場の職員は物資の調達などの支援をします。噴火が落ち着くと、役場の職員は復興活動に入ります。電気や水道の復旧、地元の産業である農業の支援などを行います。

噴火でこわれた「とうやこ幼稚園舎」。「災害遺構」として残され、人々は災害を忘れないようにしている。

有珠山周辺の市町でつくる協議会

有珠山のまわりには壮瞥町のほか、伊達市、豊浦町、洞爺湖町があり、4つの市町で「有珠山火山防災協議会」をつくっています。2000年の噴火のときは、有珠山周辺の市町村のほか国、道などとともに会議を開き、つねに情報を共有しながら災害を乗りこえました。災害の後は防災担当の職員が集まって防災の計画を立てる、防災マップをつくる、住民に向けた講演会を開く、防災訓練を行うといった活動をしています。ほかにも役場では、全国の火山のある自治体との交流を行って、防災活動に関してのアドバイスをもらっています。

有珠山周辺の市町村が共同でつくった防災の冊子。

※2006年に虻田町と洞爺村が合併し、現在は「洞爺湖町」になっている。

町役場と住民の防災活動

壮瞥町の人々は、毎日山のようすを見ています。山から流れてくるにおいやけむりなどに変化を感じると、町役場に情報が寄せられます。

役場からも積極的に情報を発信しています。広報誌には毎回、気象台（16ページ）やジオパーク（12ページ）からの防災情報を掲載し、住民の知識と防災への意識を高めるよう工夫しています。役場では、噴火の兆候があったら、いち早く住民に伝えられるよう、気象台などの観測機関ともつねに連絡を取り合っています。

壮瞥郵便局長を務めながら火山を研究した三松正夫の像。昭和新山の方向を向いている。三松は地学にくわしく、洞爺湖温泉の源泉を発見し、昭和新山の成長を記録・保護した。

大きな備蓄倉庫を備える

2000年の災害のときは、町の備蓄品が足りなくなりました。その反省を生かし、大きな備蓄倉庫を設置しました。倉庫の中には発電機や毛布、食品、水、トイレ、畳、段ボールベッドや仕切り板などが入っています。

食品には消費期限があるので、町の防災訓練や防災教室のときに参加者に配布して食べてもらいます。参加者にとっても、備蓄食品について知ることができるよい機会になります。

大きな備蓄倉庫の中には、避難生活が長引くことを想定し、たくさんの備蓄品が入っている。

道の駅には火山のことを学べる展示室もある。

避難所がたくさん

火山は山頂部だけが噴火するのではありません。有珠山でも山のいろいろな場所で噴火が起こっています。どこで噴火しても安全な場所に避難所を開設できるよう、町内のいろいろな場所が避難所としての役割を備えています。

たとえば道の駅は、ふだんは観光案内や地元の名産品の販売などをしていますが、災害時には避難所にできるようなつくりになっています。

このように壮瞥町では有珠山の特性にあわせた災害対策をしているのです。

壮瞥町役場
総務課主幹
土門秀樹さんのお話

≫観光に行くときは情報収集をしよう

私は壮瞥町役場で防災の担当をしています。町のみなさんに対する火山災害対策に加え、火山の知識があまりない観光客のみなさんが災害にあわないように、災害時には速やかに避難できるような対策を強化していきたいと思っています。

今はインターネット上にさまざまな情報があります。観光に行くときは、事前にパソコンやスマートフォン、タブレットなどで防災の情報収集をしておくとよいと思います。もちろん壮瞥町役場からも火山や防災の情報を発信しています。

洞爺湖有珠山ジオパーク

洞爺湖有珠山ジオパークは、北海道の伊達市、豊浦町、壮瞥町、洞爺湖町にまたがります。訪れた人は自然や歴史、文化を学ぶことができ、その学びは自然災害から人々を守る活動につながります。

1977 〜 1982 年の火山活動でこわれた病院跡を見学する地元の小学生と保護者。

活動する火山と人々の暮らし

洞爺湖有珠山ジオパーク（ユネスコ世界ジオパーク※認定地）は4つの市町が中心となってつくる「洞爺湖有珠山ジオパーク推進協議会」が運営しています。特徴は、活動する火山の迫力を感じることができること。火山のふもとに人が暮らすのは世界的にもめずらしい環境です。

人々は噴火のあとを見る、火山の恵みである温泉を利用する、洞爺湖有珠火山マイスター（14ページ）から話を聞くなどの体験を通して火山を身近に感じています。

キーワード

ジオパーク

「ジオ」は地球や大地、「パーク」は公園という意味。このふたつのことばを組み合わせたジオパークは、地球の活動がよくわかり、教育などに活用されている地域のことをいう。洞爺湖有珠山ジオパークでは、火山を学びながら自然の中を歩く、サイクリングや登山をする、博物館を見学する、地元のおいしいものを食べるなどの体験ができる。

※ユネスコ世界ジオパーク：ユネスコが認定する世界ジオパークは国内に9か所、日本ジオパーク委員会が認定する日本ジオパークは国内に44か所。洞爺湖有珠山ジオパークはどちらにも認定されている。

近年の噴火で防災意識が高まる

1977年の有珠山の噴火で、死者ふたり、行方不明者ひとりの被害を受けましたが、当時は人々に「次の噴火に備えよう」という気持ちはあまりありませんでした。

しかし、1991年、長崎県の雲仙普賢岳の大規模な火山災害をきっかけに全国で防災の意識が高まり、有珠山周辺の人々も噴火したときの対策を始めました。そして2000年の有珠山の噴火が起こります。備えていたおかげで犠牲者はなく、災害にあった建物を「災害遺構」として後世に伝えようという意識が高まりました。

2000年の噴火。住宅地のすぐ近くで噴煙が上がっているが、住民は事前に避難していて無事だった。

ジオパークでは、災害遺構に解説板が設置されている。上の写真は2000年の噴火のときの災害遺構の幼稚園。

災害遺構の幼稚園に残されている遊具（写真上）とバス（写真下）。噴火でたくさんの石が飛んできて、鉄がゆがんだり、まどがわれたりしている。

火山のめぐみと防災

人々はなぜ火山の近くに暮らし続けているのでしょうか。その理由は火山の豊かなめぐみにあります。

昔の大きな噴火によって、平らで日当たりのよい土地ができました。その後の噴火で飛んできた火山灰や軽石の混ざった土壌は、果物や野菜の栽培に適しています。100年ほど前の噴火で温泉がわき、火山特有の景色が生まれ、観光産業も盛んです。大昔の有珠山の山くずれでは海に浅い岩場ができて海藻が育ち、貝や魚などがとれるようになりました。火山のめぐみを受けながら、この地域で生活を続けるためには、しっかりと防災活動にとりくむことが必要なのです。

豊かな土壌が、特産のリンゴをおいしく育てる。

🏔 防災の案内人、火山マイスター

2000年の有珠山の噴火で犠牲者が出なかった理由のひとつは、調査や防災活動をしている火山の専門家が地域にいて、的確なアドバイスをしたからでした。しかし、次の噴火のときにそのような人がいるとは限りません。そこで火山にくわしい住民を自分たちで増やそうと考え、始まったのが「洞爺湖有珠火山マイスター制度」です。

火山マイスターになれるのは、原則として地元に住んでいて、継続して活動できる人です。また、火山についての深い知識も求められます。毎年1回、試験が行われ、合格した人だけが火山マイスターとしての活動を行うことができます。

火山マイスターの認定は、レポート審査を経て、実際に防災学習会の講師役をする審査（写真上）や面接審査（写真下）によって、決定される。

🚨 旅館業を生かした火山マイスター

火山マイスターは自分の個性や得意分野を活かして、防災のためにできる活動をします。川南恵美子さんは、旅館業を営みながら10年以上火山マイスターの活動をしています。川南さんは、火山災害の対策を学ぼうと洞爺湖有珠山ジオパークを訪れる人や修学旅行生などに向けて、火山の仕組みや防災についてガイドをしています。

川南さんは、同じ観光業をしている人々がいそがしさのために山や湖をじっくり見たことがないと気づきました。そこで地元の観光業者向けのツアーを実施しました。「みやげもの店やレストランの店員などが地元の魅力を語れるようになってほしい」と川南さんは話します。

火山マイスターの川南さん。ガイドを行うときは、火山災害の被害のようすを映した写真も使いながら、わかりやすい解説を心がけている。

2019年世界高校生津波サミットに参加した海外の高校生が、川南さんの案内で災害遺構を見学する。

地元の人に向けてガイドをする川南さん。火山マイスターの仕事のひとつは、地元の人も気づいていないような地域の魅力を発見して伝えることだと、川南さんは考えている。

広がる火山マイスターの活動

これまでに認定された火山マイスターは54人。中には学校の先生やラジオのアナウンサー、市議会議員などもいて、さまざまな活動を続けています。

ほかの火山で噴火が起こると、火山マイスターが出向いてアドバイスを行ったり、情報を交換したりと、ほかの地域とのつながりが生まれることもあります。

国内では御嶽山周辺の地域で、この火山マイスター制度にならい、2018年から御嶽山火山マイスターの認定が始まっています。

学校職員の阿部秀彦さん。自分の学校や地域の小学生、中学生といっしょに有珠山に登り、噴火のときの話を伝えている。

福島豪さんは、自然の中で安全に楽しく遊ぶ企画づくりや案内をする「アウトドアガイド」をしている。火山や生き物、地形、気象などの話を楽しく教えてくれる。

小学校の先生だった佐茂厚美さん。2000年の噴火のとき、小学校の再開や教育の復興に力をつくした経験をもつ。

洞爺湖有珠山ジオパーク推進協議会　火山マイスター
加賀谷にれさんのお話

≫防災のために地元の歴史を学ぼう

日本には火山がたくさんあり、地震や津波もくり返しやってきています。日本でこの先も安心して暮らすために必要なことは、災害のことを知り、住民ひとりひとりが防災のためにできることを考えて準備することではないでしょうか。

みなさんの地域にも、災害の記憶を伝えるための石碑や、防災にまつわる言い伝えがあるかもしれません。昔の人が残してくれたそういったものから学べることがたくさんあります。ぜひ、地元の土地のつくりや歴史を学び、防災活動に役立ててほしいです。

札幌管区気象台

火山の噴火の予測は難しいと言われますが、2000年の有珠山の噴火は、「噴火する前に地震を観測し避難できた例」とされています。では、その有珠山の観測はどのように行われているのでしょうか。

札幌管区気象台の地域火山監視・警報センター。集まってくるさまざまな観測データを職員が24時間体制で監視している。

📊 気象台による有珠山観測の歴史

有珠山は現在、札幌管区気象台で、24時間休みなく観測されています。観測を続けると、平常のときと異常が発生したときのちがいを比べることができます。

有珠山の観測の歴史は、地震計を設置した1950年に始まりました。1996年には監視カメラを設置しました。2000年の噴火までは、地元の室蘭地方気象台が有珠山を観測していましたが、この噴火をさかいに、観測の体制が大きく変わることになりました。

キーワード

気象台

気象庁は気象や地震、火山など自然現象を観測・監視し、その結果をもとに予報や情報を発表する国の機関。東京に気象庁の本庁があり、各地方のブロック機関として札幌、仙台、東京、大阪、福岡の「管区気象台」と、沖縄気象台がある。さらに、その地方機関として地元を担当する地方気象台や、航空機の安全な運航のための航空地方気象台などがある。

🔔 2000年の噴火

2000年3月31日に有珠山が最初に噴火しましたが、その3日前の28日には北海道によって対策本部が設置されていました。これは観測から異変を察知し、防災に関わる人々が行動を開始したからできたことです。

有珠山噴火前後の気象台などの活動

日にち	有珠山の活動	気象台などの対応
3月27日	地震活動が始まる	●室蘭地方気象台が北海道に報告
3月28日	地震の回数が増え、地震活動が活発になっていく	●室蘭地方気象台が火山情報の発表を始める。数時間おきに情報を発信し続ける ●北海道が対策本部を設置 ●札幌管区気象台の観測班が現地調査 ●札幌管区気象台が地震計や空振計などを設置 ●自治体が住民に避難を呼びかける
3月31日	✳ 有珠山噴火 （噴火活動は2001年9月まで続く）	●噴火活動の情報を発信し続ける ●気象庁が緊急会見を行う ●気象庁で火山噴火予知連絡会（18ページ）が臨時に開かれる ●火山噴火予知連絡会の有珠山部会が設置される（4月19日まで毎日開催）
4月3日		●ほかの機関の観測データを札幌管区気象台に集め始める
6月14日		●新たな噴石の落下がないかを調べ始める
7月10日		●火山噴火予知連絡会が「火山活動は終息に向かっている」と発表

災害現地対策本部

気象庁が行った会見のようす

🔔 有珠山の観測を強化

2000年3月27日の地震活動が始まる前までは地震計1点、監視カメラ1点で有珠山を観測していました。地震が増え始めてからは、火山活動の変化をより細かく知るために、火山ガスの観測装置や空気の振動を観測する「空振計」なども設置して観測の体制を強化しました。気象台の役割も変化し、札幌管区気象台が観測や火山情報の発信、室蘭地方気象台が火山情報を解説するなど地域の防災活動を担当することになりました。

地面のかたむきを測る「傾斜計」を設置するようす。

1 機械による観測と現地での調査

現在、有珠山の周辺にはさまざまな観測の機械が置かれています。観測したデータは札幌管区気象台の地域火山監視・警報センターに送られ、つねに人が確認しています。

機械が観測するだけではありません。気象台の職員が有珠山に行くこともあります。現地で職員は、地面の温度や火山ガスの観測、火口近くの地殻変動の調査などを行っています。

また、有珠山の観測は気象台のほか、北海道大学、国土地理院、防災科学技術研究所なども行っていて、情報を共有したり、協力して観測したりしています。

火山ガスや地中の温度を「熱電対温度計」で測る。

観測点の配置図

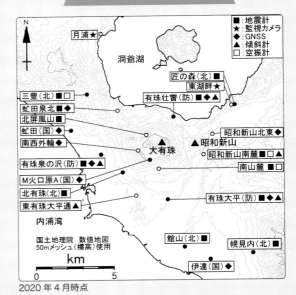
2020年4月時点

■：地震計
★：監視カメラ
◆：GNSS
▲：傾斜計
□：空振計

洞爺湖
月浦★
匠の森(北)■
東湖畔★
三豊(北)■□
虻田泉北◆
有珠壮瞥(防)■◆▲
北屏風山■
虻田(国)◆
昭和新山北東◆
南西外輪◆
大有珠
昭和新山
昭和新山南麓■□◆▲
有珠泉の沢(防)■◆▲
南山麓■◆
M火口原A(国)◆
北有珠(北)■
東有珠大平通▲
有珠大平(防)■◆▲
内浦湾
国土地理院 数値地図50mメッシュ(標高)使用
km
館山(北)■
幌見内(北)■
伊達(国)◆

噴火による空気の振動を測る「空振計」。

ゆれの種類まで細かく観測できる「地震計」。

人工衛星からの電波を使って地面のゆっくりとした動きを観測する「GNSS」。

夜でも噴煙などの状況を撮影できる高感度の「監視カメラ」。

2 さまざまな集まりで意見交換

札幌管区気象台では勉強会を開き、火山の観測データについて、北海道大学などの研究機関と共有や分析、意見交換をしています。

札幌管区気象台の職員は、「火山噴火予知連絡会」や有珠山周辺地域の市町などが集まる「火山防災協議会」、「火山噴火緊急減災対策砂防計画検討委員会」などに参加し、つねに火山の情報を交換し合うなど、いざというときに備えています。

毎月開かれる勉強会では、観測データを分析したり、これからどんなことに注目して観測するかなどが話し合われる。

気象台からの情報発信

気象庁の WEB サイトを開くと、監視カメラが撮影する有珠山の今のようすをいつでも、だれでも見ることができます。ほかにも、地震の回数や過去の火山活動、噴火警報などが確認できます。

インターネットだけでなく、テレビやラジオなどでも火山の情報を知ることができます。こういった情報は札幌管区気象台が観測し、発信しているのです。

気象庁 WEB サイト：https://www.jma.go.jp/

専用のパソコンを使って火山情報を発信している札幌管区気象台の職員。

室蘭地方気象台の防災活動

室蘭地方気象台は札幌管区気象台と同じく、有珠山などの火山防災協議会に参加し、市町などで防災を担当する人々と火山に関する情報交換をしています。とくに火山のようすがいつもとちがうときは、火山の情報や観測結果を伝えることで地元の防災対策を支援します。

また、ふだんから地元の防災担当者や地域の住民の知識を深めるため、火山に関する防災の情報や観測についての研修会を行っています。

火山の観測について小学生に説明する室蘭地方気象台の職員。

登別市にある倶多楽火山の防災活動をしている人たちに火山の説明をしている室蘭地方気象台の職員。

札幌管区気象台　気象防災部
地域火山監視・警報センター
予報官
髙橋裕二さんのお話

≫火山を監視し、情報を発表する

私は 2000 年の噴火のとき、有珠山で観測の仕事をしました。今も北海道の火山を観測し、情報を発表する仕事をしています。火山が噴火に至るときは、いつも同じように変化するわけではありません。ささいな「兆し」も見のがさないよう、緊張感をもって仕事をしています。火山噴火は、山や湖をつくったり、温泉やおいしい水などのめぐみをもたらしたりもしますが、急に噴火し、被害を出すこともあります。特に山に登るときは、気象庁が発表する火山情報を確認し、地震などの異常を感じたら、すぐに下山するよう心がけてほしいですね。

伊達市消防防災センター

北海道伊達市の消防防災センターは2000年の有珠山の噴火後、災害に強いまちづくりのために建設されました。「防災拠点施設」であるこの施設は、どのような役割をはたしているのでしょうか。

伊達消防署が開いた防災フェアで、災害などの救助に使う道具の体験をする親子。

2000年の噴火の教訓を生かした施設

伊達市消防防災センターは、有珠山周辺の伊達市、洞爺湖町、豊浦町、壮瞥町の消防を担う「西胆振行政事務組合」と防災センターが一体化した施設です。2000年の有珠山噴火では、国の現地対策本部が伊達市役所の中に設置されました。41の防災関係機関から約280人がやって来て、場所の確保などに苦労しました。その反省から、災害対応ができて、消防とも連絡が取りやすい専門施設として伊達市消防防災センターが建設されました。

キーワード

防災センター

地域の防災の拠点となる施設のこと。住民の防災意識を高めるために、過去の災害や自然現象の解説などを展示したり、災害の疑似体験ができたりする。応急手当の講座や防災のイベントなどを開催するところもある。また、災害が発生したときは、災害対策の活動の拠点となる、避難所の機能などを備えている防災センターも多い。

災害を体験して学ぶ

伊達市消防防災センターの特徴のひとつは、さまざまな災害の体験ができる施設であることです。電話で119番の通報をする体験、暗闇の中を歩く体験、地震のゆれ体験、消火器や消火栓を使った消火体験などがあります。

2018年9月に起きた北海道胆振東部地震では、伊達市も震度5弱のゆれがあり、北海道全域が停電する「ブラックアウト」を経験しました。震災後に改めて防災センターで地震や暗闇を体験した人たちは、当時の状況と重ね合わせ、最善の行動を考えるきっかけにしています。

火災が起きた設定で、画面の火元に向かって放水する「消火体験」。

展示ホールが早変わり

1階と3階の展示ホールでは、パネルや映像で有珠山について学んだり、災害に備えて家に用意しておく非常持ち出し品や防災用品の展示を見たりすることができます。災害の時には、これらのホールが災害対策作戦本部などの重要な施設として使用できるようになっています。

災害が起きたとき、室内のレイアウトをすばやく変更できるよう、動かしやすいパネルを使うなどの工夫もしている。

ふだんの状態 災害のとき

有珠山の噴火について学ぶことができる「有珠山防災展示ホール」は、「災害対策作戦本部」として使われる。

さまざまな災害への正しい知識を楽しく学ぶことができる「防災展示ホール」は、災害が発生すると、説明会や記者会見をする「会見場」になる。

消防本部と消防署の連絡体制

伊達市消防防災センターには消防本部と伊達消防署が入っています。

消防本部には通信指令室があり、有珠山周辺の市町から119番通報をすると、ここにつながるようになっています。そして、通信指令室から伊達消防署、各地域の支署、出張所、分遣所へと連絡が入り、災害現場へと急行して救助や消火活動にあたるしくみとなっています。

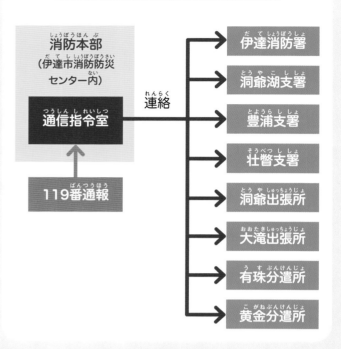

災害時の連絡体制

消防本部
（伊達市消防防災センター内）

通信指令室 —連絡→
- 伊達消防署
- 洞爺湖支署
- 豊浦支署
- 壮瞥支署
- 洞爺出張所
- 大滝出張所
- 有珠分遣所
- 黄金分遣所

119番通報 → 通信指令室

災害に備え、防災を呼びかける消防署

消防署では、ふだんは消防車両と機器の点検、消防・救急・救助訓練を行い、災害に備えています。

また、地域の企業などに行き、火災予防の設備に不備がないかを確認する「防火査察」という仕事もしています。消防職員が幼稚園や保育所に行き、火災予防の話や消火の体験などを行う「防火教室」もあります。

噴火が起こったときは、地域住民への避難を呼びかけ、にげおくれた人がいないかを確認します。負傷者や体調不良者が出れば、救急の活動をします。さらに火山灰を片づける作業や有珠山の監視などもします。

消防職員は訓練をしたり、消防車や機器を点検したりして、いつでも出動できるようにしている。

小さな消防士となって、ホースから水を放つ「放水体験」をする子どもたち。

紙しばいを使って、子どもたちに火災予防をわかりやすく伝える。

災害に強いまちをめざして

伊達消防署では、駐車場を使って「防災フェア」を実施しており、地域の人たちで毎回にぎわっています。

伊達市消防防災センターは「災害に強いまち」を目指してつくられました。災害に強いまちとは、災害が起こったときに、地域の人たちが助け合える「共助」（28～29ページ）の体制ができているまちのことです。そのために、防災センターでは、災害の資料や体験を通じて、住民に災害を身近に感じてもらい、防災意識を高めてほしいと考えています。

さまざまな震度を体験できる「地震体験車」。市内の小・中学校、北海道が主催する防災イベントなどにも出張して活躍している。

ふだんは近づくことのできない「はしご車」を間近で見ることができ、バスケット（かご）に乗せてもらうこともできる。

写真は「救助体験」のようす。高い建物で火災が起こったとき、消防署の人は、ロープにつけた滑車で人を外へ出し、救助する。

伊達市消防防災センターを管理する
伊達市役所総務部総務課
危機管理室のお話

≫ 噴火による自然の変化を知ろう

これまでに起こった有珠山の噴火では、人がゆれを感じる大きな地震がたくさんありました。地震によって地割れができたり、地下水があふれ出たりするなど、ふだんとはちがうようすも見られました。このように有珠山のようすが変わったとき、最初に気づくのは、地元の人たち、または旅行で有珠山を訪れた人たちの中のだれかかもしれません。噴火によって自然はどう変化するのかを知っておいてください。避難するときには、何を持ってどこに避難するのか家族で話し合っておくことも必要です。学校の場合は先生の指示に従いましょう。

人々を守る活動 5

壮瞥町 教育委員会

壮瞥町の学校教育や社会教育をになうのが教育委員会です。町には小学校と中学校が各1校あり、児童、生徒は火山について学び、噴火に備えています。教育委員会が行う防災教育を紹介します。

子ども郷土史講座では、小学生が有珠山に登り、火山マイスターの解説を聞いた。

登って、体験して、郷土を学ぶ

壮瞥町では、小学3年生から6年生までを対象にした「子ども郷土史講座」が年4回、開かれています。申しこみ制で、毎回20人から40人くらいが参加しています。この講座では、自分たちが生まれ育った町の歴史や自然環境、町内のおもな施設について学びます。4回のうち2回は有珠山と昭和新山の登山です。残る2回は年によって企画がちがい、火山実験、ジャムづくり、獅子舞体験、川遊びなどを楽しみます。

キーワード

子ども郷土史講座

壮瞥町教育委員会が主催し、地元の人たちが協力して1983年に始まった。はじめは、高齢者と小学生の交流を目的としていて、小学生に壮瞥町の昔の生活を知ってもらおうと、わらを使ったものづくりなどを行っていた。その後、有珠山や昭和新山を知るための登山学習も組みこまれた。この登山活動は現在まで続いている。

ふだんは入ることができない有珠山の山頂へ

子ども郷土史講座に参加した小学生は、教育委員会の人や、火山マイスター（14ページ）、壮瞥町防災学識アドバイザーの岡田弘さん、消防署の人などといっしょに有珠山に登ります。

登山をしながら土の温度（地熱）を測り、噴火によって隆起※した場所を確認します。そして、ふだんは立ち入り禁止区域となっている山頂付近を目指します。

噴火した2000年と翌年は、有珠山に入ることができなかったので、噴石で屋根に穴が開いてしまった幼稚園舎など、被害の大きかった地域を歩く活動をしました。

※隆起：火山活動などによって、地面が高く盛り上がること。

火山マイスターの話を聞きながら、有珠山に登る。

「噴気」と呼ばれる水蒸気が上がるところのすぐ横を歩く。火山ならではの風景。

火山の熱のすごさにびっくりしました。登山中に40年前の大噴火で焼け野原になった山の写真を見ましたが、今は草や木がたくさん生えていて見ちがえる山になりました。自然の力を感じました。
壮瞥小学校5年生　安藤晴之介さん

有珠新山※から火口を見下ろすと、火口の蒸気や泡がすごかったです。山から自分の町を見下ろすと火山のすぐ近くに家があることがわかりました。山頂からの町や洞爺湖の景色はとてもきれいでした。
壮瞥小学校3年生　加藤幸人さん

※有珠新山：1977年の有珠山の噴火で溶岩が盛り上がってできた山。

特産物を通して火山のめぐみを知る

子ども郷土史講座では、登山以外にも、さまざまな取り組みを行っています。

例えば、果樹園でのジャムづくり体験です。壮瞥町では、リンゴやブルーベリーなどの果物が豊富に収穫され、特産物となっています。それは火山の噴火によって土の養分が豊かになり、おいしい果物が育つようになったためです。地元の特産物について学ぶことが、火山のめぐみを知ることにつながるのです。

ジャムづくりのようす。壮瞥町には、リンゴやブルーベリー、サクランボ、イチゴなどの果樹園がたくさんある。

学習と体験でいっぱいの1日防災学校

壮瞥町立壮瞥小学校で、1日防災学校と防災キャンプが行われました。「1日防災学校」は壮瞥小学校の児童のための防災学習で、「防災キャンプ」は地域の住民が参加し、災害時の備えや避難生活を体験するイベントです。児童と保護者、防災キャンプ参加者がいっしょに取り組むプログラムもあり、ともに学ぶ機会となりました。

1日防災学校と防災キャンプのプログラム

		1日防災学校(壮瞥小学校の児童が参加)	防災キャンプ(地域の住民が参加)
1時間目	全学年	避難訓練、開会式、地震車体験	体験プログラム❶ 避難訓練(自衛隊の車両での移送体験)
2時間目	1年生 2年生	かるたで防災を学ぼう(生活) 新聞紙スリッパを作ろう(図工)	学習プログラム❶ 壮瞥町防災学識アドバイザー 岡田弘さんの講話
3・4時間目	4年生 5年生 6年生	有珠山噴火に備えよう 災害食をつくろう 災害時の避難所設営・運営を学ぼう	学習・体験プログラム❷ 1日防災学校と合同 災害時の避難所設営・運営を学ぼう
給食	5年生	災害食試食	体験プログラム❸ 1日防災学校と合同 災害食試食
昼休み			学習プログラム❸ 室蘭地方気象台の講話
5時間目	3年生 6年生	災害と自衛隊の仕事(社会) 災害時における心のケア(講座)	体験プログラム❹ 1日防災学校と合同 災害と自衛隊の仕事
6時間目	全学年	壮瞥町防災学識アドバイザー岡田弘さんの講話、災害時を想定した保護者への引き渡し訓練	学習プログラム❹ 1日防災学校と合同 岡田弘さんの講話 引きわたし訓練を見学

当日の朝は、陸上自衛隊第7師団第71戦車連隊が体験プログラムの参加者を自衛隊の車両で壮瞥小学校まで移送した。これも避難訓練のひとつ。

1日防災学校で、6年生も段ボールベッドを体験した。

寝心地がいい!

思ったよりやわらかいよ!

体育館に避難所をつくる

　3、4時間目の1日防災学校（6年生）と防災キャンプでは、災害時の避難所づくりについて学びました。体育館を災害時の避難所とするために、何をしたらよいかを日本赤十字北海道看護大学の根本昌宏さんに教えてもらいます。

　まず体育館の大きさを測り、人が寝る場所や通路の広さを決めました。アイマスクや車いすなどの体験をして、障がいのある人にはどんな配慮が必要かも考えます。次に段ボールベッドや携帯トイレの組み立て、電動式トイレの体験なども行いました。

ちょっと背中がいたい……。

ゆかが冷たいなあ

実際に避難所で使うブルーシートの上に寝てみて、避難所での生活を体感する。

車のバッテリーなどで動き、オシッコやウンチを自動で袋づめする電動式トイレの説明を熱心に聞く児童たち。

自衛隊の人に質問をしたり、非常食のカレーづくりをしたり、火山について学んだりと、改めて防災について考える1日となった。

壮瞥町教育委員会 生涯学習課 土橋美耶さんのお話

≫火山の危険な一面も知って

　私は、教育委員会の職員として子ども郷土史講座の担当をしながら、ふだんは壮瞥町の図書室で司書の仕事をしています。壮瞥町の防災教育の特徴は、火山に実際に登ることです。特別に登山禁止区域にも入り、小学生に火山のようすを見てもらいます。

　火山はただ美しいだけではなく、ひとたび噴火が始まれば、危険な存在となるという一面ももっています。どのように危険なのかということを知った上で訪れてほしいと思います。火山が、ほかの山とどんなふうにちがうのかもぜひ観察してみてください。

火山災害に備える

火山の噴火は防げませんが、しっかりと備えることで、被害を小さくすることはできます。「自助」「共助」「公助」の役割を見てみましょう。

自助	自分の命は自分で守ること
共助	家族や学校、地域の人と力を合わせること「自分たちのまちは自分たちで守る」
公助	市区町村などの公的機関が災害への対策を立てたり、人々の活動を支援したりすること

ふだんからできる火山災害への備え

自助

＼ハザードマップを確認しておく／

ハザードマップ※を見て、自分の家や学校がどんな火山災害にあう危険があるか確認する。避難所の位置や避難ルートを知る。

＼噴火の情報に注意する／

気象庁が発表する噴火警報や噴火速報に注意する。噴火の情報は気象庁や気象台のWEBサイト、テレビ、ラジオなどで知ることができる。

共助

＼地域の防災訓練に参加する／ **→26ページ**

地域の防災訓練に参加し、防災に関する知識をもつ。また、近所の人たちと顔見知りになっておけば、災害時に助け合うことができる。

＼避難所づくりを体験する／ **→27ページ**

火山災害では避難所生活が長くなることがある。地域の人々が運営する避難所の体験をしておくと、必要なもの、できることがわかる。

公助

＼シェルターを設ける／

いくつかの火山にはシェルターという避難する施設が設けられている。場所を確認しておき、噴火が発生したら逃げこむ。

＼ハザードマップを作成、配布する／ **→10ページ**

市区町村は、火山災害が起こりやすい場所、避難所の情報などがわかるハザードマップをつくり、住民に配布する。

28 ※ハザードマップ＝災害の危険がある場所を記した地図。山登りに行くときもハザードマップを確認しよう。

噴火が起こったときにできること・行うこと

自助 早めに避難する

危険な場所にいる場合は噴火の情報が出たら、すぐに避難する。火山から遠くても噴石が飛んでくることがあるので、じょうぶな建物へ。

自助 正しい情報を得る

ラジオやテレビ、インターネットなどの災害情報を確認し、正しい情報を得る。防災無線など地域の災害情報を得る方法を知っておく。

自助 異常な現象があったら通報する

煙が見える、地鳴りが聞こえる、においがするなどの異常と思われる現象に気づいたら、すぐに市区町村、警察、気象台などに連絡する。

共助 助けが必要な人を手伝う

まずは自分の安全を確保したうえで、まわりの状況を見て、助けが必要な人がいたら「何かできることはありますか」と声をかける。

共助 避難所の活動に参加する →27ページ

家にいるのが危険なら、地域の避難所に行く。避難所では寝る場所をつくる、年下の子の相手をするなど、できることはすすんで行う。

公助 救助や復旧、調査活動をする →17ページ

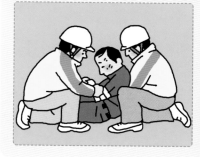

消防、警察、自衛隊などが人命救助にあたる。公的機関と企業、ボランティアなどが復旧作業をする。気象台は噴火活動の調査をする。

公助 情報を発信する →8,16ページ

市区町村は、気象庁の発表を確認し、噴火の情報が出たらすぐに防災無線放送やメール、WEBサイトなどで住民や登山客に伝える。

公助 共助の支援をする →8ページ

市区町村は、避難所づくりや避難所の運営を手伝うボランティアの活動を支援する。企業による協力の受け入れも行う。

※「共助」を、医療、年金、介護など公的な制度によるものとし、ボランティアや住民同士の支え合いを「互助」と分けていう場合があります。

防災活動ワークシートの使い方

 防災活動ワークシート

28〜29ページの「ふだんからできる火山災害への備え」「噴火が起こったときにできること・行うこと」のうち、できたことにはチェックを入れましょう。ほかにもできることや、やったことを空欄に書きこみましょう。

≫ふだんからできる火山災害への備え

できたことに✓を入れましょう。

- [ ] （自助）ハザードマップを確認しておく
- [ ] （自助）噴火の情報に注意する
- [ ] （共助）地域の防災訓練に参加する
- [ ] （共助）避難所づくりを体験する

28ページの「ふだんからできる火山災害への備え」を見て、できた項目にチェックを入れよう。

上の項目でしたことのまとめや、そのほか「火山災害への備え」のためにしたことを書いてみよう。

【やったこと】避難所づくり訓練に参加した

・小学校の体育館が避難所になったという想定で、訓練をした。

・受付係の手伝いをした。

・みんなで段ボールベッドをつくった。

・仕切り板を立てた。

防災活動への取り組みを確認するために、裏表紙の裏側にある「防災活動ワークシート」を使ってみましょう。28 〜 29 ページの「ふだんからできる火山災害への備え」「噴火が起こったときにできること・行うこと」のうち、できたこと、理解できたことにチェックを入れましょう。ほかにもできることや、調べたことを空欄に書きこんでみましょう。

このQRコードを読み取ってWEBサイトに行くと、「防災活動ワークシート」がダウンロードできます。

https://www.kosaidoakatsuki.jp/archives/
booktype/ehon-shop-library-school

記入日			学校名	名前	
年	月	日		年	組

記入した日と学校名、学年、クラス、名前を書こう。

≫噴火が起こったときにできること・行うこと

学習して理解できたことに✓を入れましょう。

- [ ] （自助）早めに避難する
- [ ] （自助）正しい情報を得る
- [ ] （自助）異常な現象があったら通報する
- [ ] （共助）助けが必要な人を手伝う
- [ ] （共助）避難所の活動に参加する

29ページの「噴火が起こったときにできること・行うこと」を見て、学習して理解できた項目にチェックを入れよう。

【調べたこと】洞爺湖有珠山ジオパークに行って、有珠山について調べた。

・噴火のときの地かく変動で、道路に断層ができたところの写真を見た。

・地かく変動とは、火山活動などで土地がもり上がったりしずんだり、
ずれ動いたりすること。それによってできた段差が「断層」。

・断層の上に建物があったら、かたむいたり、こわれたりする。

・実際に見に行った。

ひとつの火山を選び、調べたこと、学んだことなどを書いてみよう。

31

私たちのまちでは過去にどのような災害が起こっているでしょうか。その教訓が今に伝わっているでしょうか。地域の人々の話や資料をもとに、災害の歴史を調べましょう。

地図を使って
自分のまちを知る

地図を見ると、地形の特徴や災害の起こったあと、災害の危険性などを知ることができます。国土地理院のWEBサイト「地理院地図」（http://maps.gsi.go.jp/）は、地図記号も見られるので便利です。

❶まちの自然環境

地図で自分のまちを見てみよう。どんな地形なのか、海や湖、川などがあるか、山があれば火山かどうかなど、まちの自然環境に注目してみる。上の地図は、有珠山周辺。昭和新山は有珠山と並んでいて、洞爺湖には中島という島があることがわかる。

❷自然災害伝承碑

過去に起きた津波、洪水などの自然災害の情報を伝える石碑やモニュメントのある場所を探してみよう。どんな災害があったのかも調べよう。上は広島県広島市安佐北区に建てられた広島豪雨災害記念碑（2014年8月20日の豪雨災害）の地図記号。

❸ハザードマップ

災害の起こりやすい場所が示されたハザードマップで、まちの特徴を知ろう。上のハザードマップは北海道壮瞥町のもの。有珠山で噴火が起こったら、火砕流や噴石、火山灰がどこまで、被害をあたえるかを示し、避難するときの目安となっている。

災害を学べる
施設に行く

防災館や博物館、科学館などに行けば、過去の災害について展示しているところがあります。図書館の郷土資料コーナーも役立ちます。足を運んで、自分の地域の災害の歴史を調べてみましょう。

防災館

災害の歴史や資料のほか、地震や煙、暴風雨などの体験ができたり、応急手当訓練を受けられたりするところもある。写真は「人と防災未来センター」（兵庫県神戸市）。

博物館

地域の歴史の展示や災害に関する資料が見られる博物館。人々がどうやって災害と向き合ってきたか、学ぶことができる。写真は「磐梯山噴火記念館」（福島県北塩原村）。

科学館

自然現象がどうして起こるのか科学で説明する施設。写真は火山科学館（北海道洞爺湖町）。有珠山の火山活動を映像や解説、体感装置などで紹介している。

防災の専門家の話を聞く

まちには防災の専門家がたくさんいます。疑問に思っていること、もっとくわしく知りたいことなどがあれば、防災の講習会やイベントなどの機会を見つけて聞いてみましょう。

≫まちの防災専門家

市区町村の防災担当職員・消防担当職員

役所・役場や消防署で働く人たち。市区町村で過去に起こった災害の経過やデータ、被害の状況、「公助」として市区町村がどんな活動をしたかを聞くことができる。

消防団員

地域に住む人、働いている人が消防団員になるので、過去の災害で、被害があった場所や地形の特徴など、地域をよく知る人ならではの情報が聞ける。

自主防災組織

自治会や町内会で防災活動をしている人たち。過去の災害での避難のようすや、被災したときの助け合いなど、「共助」について聞くことができる。

防災士など

防災の知識と技術をもち、試験や講習を受けて防災士の資格を得た人たち。過去の災害から学んだ教訓や、それを生かした「自助」について話を聞くことができる。

調べたことをまとめ、発表する

まちの災害の歴史を調べたら、新聞やポスターにまとめて掲示したり、発表したりしましょう。校内や地域で情報を共有することは、まわりの人たちの防災活動にも生きていきます。

壁新聞

写真を使ってレポートする、関連した話題をまとめるなど、さまざまな視点から記事を書けるので、読む人の理解が深まる。

ポスター

伝えたい要点をキャッチコピーや短い文章で表し、絵や図などといっしょに示すことで、見る人の印象に残る。メッセージを伝えるときに最適。

プレゼンテーション

プロジェクターで内容を映し出しながら、聞く人に、言いたいことを直接うったえかける。地図や写真、グラフなどを使うと、より内容が伝わりやすい。

さくいん

34

監修　**片田敏孝**（かただとしたか）　東京大学大学院情報学環特任教授　日本災害情報学会会長

内閣府中央防災会議「災害時の避難に関する専門調査会」委員
文部科学省「科学技術・学術審議会」専門委員
総務省消防庁「消防審議会」委員
国土交通省「水害ハザードマップ検討委員会」委員長
気象庁「気象業務の評価に関する懇談会」委員 などを歴任
主な著書
『人が死なない防災』（集英社新書）
『3.11 釜石からの教訓　命を守る教育』（PHP 研究所）
『子どもたちに「生き抜く力」を　〜釜石の事例に学ぶ津波防災教育〜』（フレーベル館）
『みんなを守るいのちの授業　〜大つなみと釜石の子どもたち〜』（NHK 出版）

企画・編集	オフィス 303（常松心平、中根会美）、石川実恵子
撮影	涌井真里江
装丁・本文デザイン	倉科明敏（T. デザイン室）
執筆	石川実恵子
イラスト	山口正児
協力	壮瞥町、洞爺湖有珠山ジオパーク推進協議会、洞爺湖有珠火山マイスターネットワーク、札幌管区気象台、室蘭地方気象台、伊達市、西胆振行政事務組合消防本部、伊達消防署、壮瞥町教育委員会

★掲載順、敬称略。

自然災害から人々を守る活動（しぜんさいがいからひとびとをまもるかつどう）4　火山災害（かざんさいがい）

2020 年 3 月 30 日　第 1 刷発行

監 修	片田敏孝
発行所	廣済堂あかつき株式会社
	〒 176-0021 東京都練馬区貫井 4-1-11
	TEL 03-3825-9188（代表）　FAX 03-3825-9187
	https://www.kosaidoakatsuki.jp/
印刷・製本	株式会社廣済堂

© Kosaido Akatsuki 2020 Printed in Japan　NDC 369.3　36p　29×23cm　ISBN978-4-86702-026-5